그늘도 꽃그늘

이 도서의 국립중앙도서관 출판시도서목록(CIP)은 e-CIP 홈페이지
(http://www.nl.go.kr/ecip)에서 이용하실 수 있습니다.
(CIP제어번호: CIP2010002481)

그늘도 꽃그늘

임효림 시집

실천문학사

| 차례 |

제1부

제2부

제3부

제4부

제 1 부

속

햇볕에 그을린 저 바윗돌도
껍질을 벗기면 순결한 속살이 있다

그 속살에는 천둥소리도 들린다
천둥소리에는 도랑물도 흐른다

침묵 속으로

눈 감고 귀 막고
침묵 속으로 침묵 속으로

수천만 길 땅속으로만
흐르는 물길도 있다

수만 년을 말없이
엎드려 있는 산도 있다

한적한 곳에 살면서

팔월 한가위 보름달 아래서
쌀가루 반죽으로 송편을 빚듯이
손바닥 위에 놓고 살살 굴려
어디 한 곳 굴곡진 곳도 없이
반들반들하고 둥글둥글하게

우리가 사는 이 지구라는 별이
그렇게 만들어졌더라면 어떻게 할 뻔했나

그래도 천만다행으로
푸른빛 지구는
굴곡진 곳이 많아서
나는 산속 한적한 곳에서 산다

설악에 눈이 내리고

바람이 불어 쉴 새 없이 문을 두드리고
눈은 내리고, 내리고
몇 날 며칠이고 자꾸 내려 쌓이는 날은
어쩔 수 없이 술이 고파진다

산문을 닫고 숨어 사는 사람이라고
어찌 그리움까지 닫혀 있겠는가

멀리 설해목(雪害木) 부러지는 소리
밤이 깊어갈수록
떠나간 기억의 저편
첫사랑 같은 천고의 비경이 더욱 적막하다

벗이여!
혼자라서 외로운 것이 아니다
이렇게 바람이 불고
자꾸 눈이 내리는 날은

감당할 수 없는 그리움이 깊어져

나는 또 술이 고파진다

여광주(麗光酒)

달빛이 고운 날은
달빛을 담고
별빛이 고운 날은
별빛을 담고
외롭게 저 혼자 청초하게 핀 꽃을 보면
그 꽃빛을 담아
세상에서 곱고 아름다운 것들을 보면 보는 대로
그 고운 빛의 기운을 담아
여광주를 빚어
고이, 고이 간직해두었다가
어느 날 햇살이 문창호를 밝게 비추는 날
환한 얼굴을 하고 찾아오는 이 있으면
개다리소반 위의 먼지를 닦아내고
비로소 잘 익은 그 술을 내어놓겠습니다
바람 많은 세상에
번뇌는 잠시 버리시고
취할 만큼 원 없이 흠뻑 취하시고

그리고 제게는 그저 그윽한 눈으로 빙긋이 웃어만 주세요

나를 그리워하는 까닭에

이 밤
차갑게 뜬 달이 저렇게까지 아름다운 것은
아마도 그대가 나를 못 잊어 그리워하는 까닭일 것입니다

사람들의 발길이 끊어진 지금
산골 물소리가 저렇게까지 내 마음을 흔드는 것도
여전히 그대가 나를 사무치게 그리워하는 까닭일 것입니다

계절이 깊어가는 이 밤에
내가 이토록 잠을 이루지 못하는 것도
순전히 그대가 나를 너무나 그리워하는 그 까닭일 것입니다

소월 시를 차운하다

사랑도 애절한 사랑일 때는
산골 물도 애달픈 내 맘같이 흘러갑니다

그리움이 넘쳐나 너무 그리워
소쩍새는 밤을 새워 울어대고요

날이 새고 해가 떠도 다시 그리워
뻐꾸기는 낮에도 하루 종일 울어댑니다

사랑도 애절한 사랑일 때는
솔바람도 애달픈 내 맘같이 불어댑니다

시월

시월이라 단풍 들고
산중에 해가 지는데

사랑조차 저문다고
노을이 붉습니다

흰머리 곱게 깎은
눈언저리

사랑조차 저문다고
눈물집니다

너의 마음도

__황진이에게

흘러가는 물이라
옛 물이 아니라면

청산도 세월 따라
옛 산은 아니로다

나에게로 오는 너의 마음도
흘러와 흘러가는 그런 것이냐

강물이 흐른다

아무 뜻도 없이 흐르는 강물이 어디 있으랴

커피 한 잔을 마시며 너를 기다리는 시간에도
나에게서 너에게로
억겁의 강물이 흐른다

무슨 말을 하랴
말로는 내 마음 다 전할 수 없어
쳐다보고
눈 맞추고
웃을 때
또 내게서 너에게로 청청한 강물이 흐른다

갈대

겨울 강가에서 갈대가 우는 것은
사랑이 우는 것이다

아름다운 계절의 푸른 꿈이 지나고
사랑이 우는 것은
그립기 때문이다

바싹 말라버린 몸 위로 달빛이 내리면
갈대는 추워서도 울고
그리워서도 운다

밤새 울다가 지치고
달이 지고 찬란한 태양이 빙판 위에 떠올라도
이 추운 계절이 끝나지 않는 한
갈대의 그리움도 끝나지 않는다

낙화처럼

꽃같이 곱던 분이
낙화처럼 떨어졌네
이제 다시는 그 아름다운 미소 볼 수가 없네

아무 예고도 없이 찾아온 슬픈 사연
나는 도무지 감당할 수가 없어
흐르는 눈물 주체하지 못하네

세차게 부는 바람 앞에
풀잎 끝에 맺힌 이슬이 어이 견디리
어이 견디리 이 슬픔을

감당할 수 없는 이 슬픈 시간에도
여전히 세상은 멀쩡하고
계절이 바뀌고
봄이 오고
꽃이 피네

슬픔이 자라네

그 고운 미소 낙화처럼 떨어져
내 슬픈 마음 감당할 수가 없네

꽃샘추위

날씨도 봄날은
따뜻하고요

그늘도 꽃그늘은
향기로워요

뉘라서 사랑이
힘들다 하오

꽃샘추위 지나면
새싹이 돋소

꽃이 피는 날은
그리움이 더욱 그리워

시샘도 없는
사랑이 어디 있소

꽃샘추위 피는 꽃이

더욱 붉소

봄비가 오면

겨울잠에 빠진
메마른 대지 위로
봄비가 내리는 것은
사랑으로 다시 깨우기 위해서다

살금살금 속삭이며
나무는 나무들대로
풀들은 풀들대로
연둣빛 사랑으로 깨우기 위해서다

만약 아직도 그대가 불행하다면
그것은 사랑에 눈뜨지 못했기 때문
봄비가 오고
사랑이 눈을 뜨면
살아 있는 모든 생명은 다 행복하다

제 2 부

무명(無明)

앞으로 나아갈 수도 없고
뒤로 물러날 수도 없는
어둠
어둠의 밑바닥에는
항상 내가 나를 기다리고 있다

도피자

계곡을 흐르는 물이
밤새도록 끓고 있다

날이 새기만 하면
산을 내려가야지

부글부글 애태우며
잠 한숨을 못 이루고

숲 속에서

숲 속에 조용히 앉아
나무들이 물을 빨아올리는 소리를 들어본다

미세한 바람에 나뭇잎들이 가늘게 흔들리는 소리
애벌레가 연한 잎만 골라 갉아 먹는 소리
새들의 노랫소리를 듣고 모두들 즐거워하는 소리
무엇보다 나무와 나무가 서로 속삭이는 소리를 들어본다

그냥 한나절이고 온종일이고 숲 속에 앉아
소리 없는 소리로 부르는 노랫소리를 들어본다

열두 발 상모

얼마나 아득히 뻗어 나간 번뇌가 있기에
저처럼 긴 열두 발 상모를 돌리나

땅에서 사무친 그리움 한 자락
휘돌아 감겨들어 하늘로 뻗어 올라가지만
하늘은 너무 멀어 끝 간 데가 없기에
다시 휘돌아 땅 위로 내리고

꽹과리 징 소리 울리는 마당
상모꾼은 모둠발짓으로 뱅뱅이를 돌며
소고를 치고 열두 발 상모를 돌린다

가객(歌客)

높기는 그중에 푸른 하늘이 가장 높은데
그대의 노랫소리 가운데서도
높고 고운 소리는 하늘까지 가닿고

깊기는 그중에 사람 뱃속이 가장 깊은데
그대의 노랫소리 가운데서도
깊고 간절한 소리는 창자까지 울리고

이승에서 저승으로 오고 가면서
슬픈 이를 슬프게 더욱 슬프게
그리움이 사무쳐 더욱 그립게
그대의 노랫소리 두루 울려라

사잇길

시인이여!
우리는 바람같이
틈새 사이로만 가자

눈썹이 고운 여인들과
입술이 두툼한 사내들의
그 사랑의 축축한 틈새로 지나가자

마음 하나는 한없이 착한 사람과
시기와 질투만을 잘하는 사람의
어정쩡한 사이로 가자

아무 생채기도 안 내고
꽃밭의 꽃들 사이를 지나가는 바람같이
향기만 안고 가자

무엇보다 우리는 시인이므로

이 사람 저 사람의 날카로운 말과 말의 사이
그 미묘한 사잇길로
아무 상처도 입지 말고 지나가자

외롭지 않은 꽃이 어디 있으랴

산과 들에서 피어
외롭지 않은 꽃이 어디 있으랴
야생으로 살아온 우리는 모두 고독한 존재
세상은 생각보다 추운 곳이다

내 체온으로는
그대의 가슴을 덥히고
그대의 가슴으로는
내 마음을 달구고

뜨거워진 내 마음으로
그대의 상처 난 가슴을 보듬고
따뜻해진 그대의 가슴으로는
내 슬픈 마음을 덮어주고

손에 손을 맞잡고
나란히 어깨를 나란히

걸어가면서

때로는 웃고

때로는 울면서

우리는 서로서로

심장으로 심장이 뛰는 것을 느끼며

이 추운 세상을 그렇게, 그렇게 살아갈 일이다

배신

그대가 내 등짝에 꽂은 칼자국의 상처는
이제 다 나았습니다

그대의 발길질에 차인 옆구리의 멍 자국도
이미 다 나았습니다

걱정하지 마십시오
나는 오래전에 세속의 명리를 버렸습니다

분노와 복수심은 마른 풀잎에 맺힌 이슬 같은 것
원망을 버리고 더 많이 고독해지려고 합니다

그대의 배신은
내 마음을 더욱 거룩하게 합니다

1998년도의 영음(詠吟)

아무래도 지난밤에는 잠을 잘 못 잔 모양이다.

아침에 일어나 보니 내 머리가 방바닥에 떨어져 있다. 그래도 그것이 내 머리인 탓에 버릴 수도 없고 해서 그릇에 담아놓았더니, 찾아오는 손님들은 내 체면을 세워주는 덕담을 하느라 입에 발린 말들을 한다. 그러면 눈치도 없는 내 머리는 횡설수설 혀를 놀려대지만 별로 귀담아들을 말은 없다.

이제는 나조차도 내 머리가 하는 말을 신용하지 않는다.

이런 내 마음을 아는지 불쌍하게도 내 머리는 내 눈치를 연신 살핀다.

소주잔을 비운다

봉황 주작이 어우러져 춤을 추는
붉은 곤룡포 차려입고
역적이라는 죄명으로
어느 충절의 신하 등짝에
잘 달구어진 인두로 지져댈 때
그 살이 타는 냄새 얼마나 구수했을꼬

어느 골목 술집
삼겹살 타는 냄새에
코를 벌렁거리고
입맛을 다시며
붉게 충혈된 눈빛들이
소주잔을 비운다

사막에서

보이는 것은 오직
지평선뿐인데도

도시에서 온 나그네는
길을 잃고 헤맵니다

그 물론 사막에는
이정표가 없습니다

네 이름같이 고운 달빛이

네 이름같이 고운 달빛이 눈 위에 내렸다
우리도 이처럼 순결한 사랑을 하자

때로 차가운 바람이 지나가지만
한 점의 번뇌도 일어나지 않는다

변하지 않는 고풍한 신비에
애달피 흐르는 시간도 멈추었다

그것도 우리가 닮아야 할 것이니
너와 내가 아쉬워하던 것이
덧없이 흘러간 시간 아니냐

네 이름같이 신비한 달빛이 눈 위에 내렸다
우리도 이처럼 아름다운 사랑을 하자

제 3 부

길을 가며

얼마나 많은 발길이
내 여린 가슴을 밟고 지나갔는가
잠이 오지 않는 밤이면
밟힌 가슴의 상처가 살아난다

오늘은 내가
발자국을 남기며 길을 간다

나도 지나가고
다른 많은 시간이 지나간 뒤에
바람만이 나뭇가지를 흔드는 밤이 찾아오면
내가 밟고 간 상처 때문에
이 길도 잠을 못 이룰까

바위도 흔들린다

저 우람한 바위도 때로는 흔들린다

땅속 깊이 뿌리를 박고
뜨거운 태양열에 몸을 달구어
향기를 구워내는 바위

바람에도 꿈적 않고
천지가 진동해도 태연한 그 바위도

찾아와 눈물 흘리는
고달픈 삶의 진실 앞에서는
어쩔 수 없이 흔들린다

요동치는 몸짓이 아니라
미세한 떨림으로
사랑을 가진 자만이 감지하는
그런 느낌으로 조용히 그저 조용히

흔들린다

늦가을

우리 제발 너무 많이 슬퍼하지는 말자
인생은 어차피 약간씩 슬퍼하는 존재
초겨울 마지막 잎새가 떨어지고 있다

소리 없이 흐르는 강물처럼
또 우리의 삶도 한 걸음 죽음으로 다가간다

늦은 계절의 석양이 내린다
비록 늙어 시들지라도
어찌 지는 인생을 슬퍼만 하겠느냐

서풍에 낙엽이 쓸려가고
마른 국화꽃을 만지던 손에
아직도 매운 향기가 남았다

항해(航海)

선창에 어둠이 소리 없이 내리고
하늘에 별들이 하나둘 불을 켜면
나는 저 광활한 우주로 여행을 떠난다

지구는 내 유람선
달빛은 등대

오늘따라 별빛이 유독 밝은 것은
저 어느 별에서도
이제 막 나처럼 항해를 시작한 이가 있기 때문이다

삶이 허무하고
존재의 부피가 먼지알 같을지라도
내가 항해를 멈추지 않는 한
우주는 내 안의 세계를 벗어나지 못한다

내 시의 자화상

_본래 나는 내 시가 세상을 뒤엎는 혁명의 언어가 되기를 바랐다

물살이 급한 개울가의 잡돌이나 되어
여름날 장마로 폭우가 내리고
사나운 물살이 흘러넘칠 때마다
조금씩
조금씩
살점을 깎아내어
억겁(億劫)의 세월이 지나도록
그렇게 살점을 깎아내어
껍질이 반들거리게 다듬어놓기라도 하면
운 좋게 어느 호사가를 만나
그의 방을 장식하겠지

금시조(金翅鳥)

나는 늘 혼자였다

새들은 모두 무리 지어 하늘을 날지만
나는 아무 무리에도 소속되지 않았고
그 누구도 추종하지 않았다

금빛 날개를 펴고
입으로 화염을 뿜으며
세상에서 가장 권력 있는 자를 잡아먹고
비로소 대자유인(大自由人)이 되어
구만리장천을 날아다녔다

송년(送年)

서툰 화가처럼
그리다가는 지우고
지우다가 다시 그리는데

기러기 떼 지나가듯
또 한 해가 지나갔다

까닭 없이

나뭇가지 흔들려
바람이 부는가

무슨 일로 비가 내려
먹구름이 흐르는가

아무 까닭도 없이
마음이 슬프다

표적

머리 뒤꼭지로 써늘한 기운을 느끼고
뒤돌아보았을 때
나는 하나의 표적이 되어 있었다

가늠쇠 그 작은 구멍으로
그의 눈과 나의 눈이 부딪쳤다

어느 때였을까
기억의 저편 가늠쇠 너머로
그는 나의 표적이 되어
형언할 수 없는 공포의 눈빛으로 나를 보고 있었다
지금 나의 눈빛도 아마 그럴 것이다

깨끗하게
되도록이면 깨끗하게
파열음이 심장을 관통하는 순간
어머니의 대지 위로

붉은 선혈을 뿌리자

투우(鬪牛)

나에게는
군중의 박수와 환호조차
더할 수 없는 공포입니다

침묵은 또
심장을 멎게 하는
두려움입니다

이리 뛰고
저리 뛰지만
저 넓은 운동장은
나에게 갇혀진 공간
도망갈 수도
숨을 수도 없습니다

저 교활한 투우사는
예리한 칼날을

끝없이 내 등짝에 꽂습니다

피 흘리고 쓰러질 때까지

치솟는 분노를
콧김으로 토하며
투우사를 쓰러뜨리고
오직 살아남기 위해
끝없이 날뛰며 뿔로 받아보지만
이미 승부는 결정되어 있는 게임

군중
그들의 유희를 위해
나의 운명은
피 흘리며 처절하게 쓰러져야 합니다

저 산같이 되려면

멀었다. 멀었다 아직 멀었다
저 산같이 되려면 아직도 한참이나 멀었다

산에서 난 남새 같은 것을 먹고 살아가다가
죽어서는 산자락 어디쯤에 묻혀서 흙이 된
우리의 할아버지 할머니 들은
그래도 듬직한 의리 하나는 산을 닮지 않았느냐

온갖 수모 다 받아가면서도
미운 놈 못된 놈 온갖 잡놈들
싫다고 내치는 법도 없이
수억만 년 그 자리에 그대로 서 있는 산이여
산의 역사여
부디 우리들을 여전히 어여삐 보아주시라

잘난 척만 하고
저 혼자 살길만 찾는 놈들을

부디 용서하시라

그리고 옛날
우리의 할아버지 할머니를 품어 안아 길러냈듯이
오늘 못나기만 한 우리를 여전히 잘 길러주시라

피 씻김

· 씻어도, 씻어도 씻겨지지 않는 탁한 피가 있거든
장작불 불가마 속 그 붉은 노염으로 모조리 태워
백자 항아리 저 순결한 피를 만들어보아라

그래도 씻겨지지 않는 그런 피가 있거든
날이면 날마다 살아온 날들을 뒤돌아보면서
넘쳐서 흐르는 뜨거운 눈물로나 씻어보아라

날마다 흘리는 눈물로도
씻겨지지 않는 피가 어디 있겠나
천년이고 만년이고 쉬지도 말고
어머니 같은 눈물을 흘려보아라

제4부

뱀

무슨 슬픈 운명이기에 저처럼 독(毒)하게 태어났나
차고 음습한 돌 밑에 똬리를 틀고
하루 종일 무엇을 응시하지만
너의 혀는 아직도 버리지 못한 애욕이다

사라져다오
사라져다오
제발 이제는 사라져다오

내가 이러는 것은 너의 몸뚱이가 징그러워서가 아니다

너는 악업으로 만들어진 전설
슬픈 운명의 굴레를 벗어야지
아직도 애욕을 탐하느냐
쉴 새 없이 혀를 나불대는구나

똥개

아무래도 너는 너의 조상으로부터
굴욕의 피를 물려받은 모양이다

어찌 저리 어정쩡한 표정을 하고
마당가에 서 있느냐

지나가는 사람들을 힐끔힐끔 쳐다보며
주인의 눈치만 살피다가도
만만한 자를 향해 이빨을 드러내지만
너는 도무지 수치를 모른다

무엇인가 주장할 게 있다는 듯이
때로는 달을 쳐다보고 소리 높여 짖지만
누가 먹을 것만 주면 금방 꼬리를 흔들고
혀로 핥아주며 온갖 아부를 다하는 너를
사람들은 순진하다고 하지만
그것조차 내게는 비굴한 바보같이 보인다

너에게는 굴종만이 유일한 미덕이더냐
아무래도 비겁한 피가 흐르는 모양이다

저항

불행하게도 천심을 알았으니
나는 아무래도 서러운 사람이다

먹구름이 민심을 덮고
역사가 요동을 칠 때면
내 눈에 끝없이 눈물이 흐른다

삶이 고달프고 힘든 것은 그렇다 치고
짓밟히고 뭉개지고
배곯아 죽는 것을 그냥 보고만 있을 수는 없지 않는가

역심이라도 품어봐야지
누구 등에 칼이라도 꽂아야지

나는 아무래도 알아서 안 될 것을 알았나 보다

나무

어디 고약한 운명의 신이라도 있어
한번 주어진 운명대로만 살라고 하면
그것보다 더 가혹한 형벌은 없을 것입니다

여기 천년이고 만년이고
그보다 더 많은 세월을
꼼작도 못하게 서 있는 형벌을 받고도
푸른 기상 하나는 언제까지나 잃지 않고
오히려 하늘을 향하여 팔 벌리고
자유!
자유!
자유!
하고 외치지를 않습니까

어느 게이의 고백

__태국 여행 중에

어찌하겠습니까?
타고난 업장이라고 할 밖에

심히 굴욕스런 내 남성을 감추고
눈썹을 그리고
입술에 립스틱을 곱게 발라
짙은 화장을 한 것은
꼭—히 밥을 벌어먹기 위한 것만은 아닙니다

조명등이 찬란한 무대 위에서
노래를 하고 춤을 추는 것은
스스로 감출 수 없는 끼이지만

사내들 앞에서
허리를 비틀고
엉덩이를 흔들 때
열아홉 순정은 많이 부끄럽습니다

사랑해주세요

그대들의 박수 소리에

내 남성은 더욱 아름다운 여인이 될 것입니다

어느 택시기사

그 빌어먹을 민주화가 나라를 다 망쳐뿌린 기라. 요즘 애새끼들은 위아래가 없어, 어른을 몰라봐, 여자나 남자나 도나 개나 다 평등하다 해놓으니 어른 말이나, 남자 말을 듣습니까. 너도 한 표 나도 한 표야. 애들이 어른한테 꼬박꼬박 말대꾸를 하지를 않나. 여편네들이 남자 머리 꼭대기에 앉아 있는데, 그래 놓으니 나라가 질서가 없고 엉망인 기라. 박정희 시대나 전두환이 시대로 다시 돌아가야 돼요. 독재를 해가지고 꼼짝 못하게 꽉 잡아 눌러놓고, 말 안 들으면 사정없이 잡아다가 주 패야 돼, 그래야 말을 듣고 나라가 제대로 살아나요. 민주화 말이 좋아 민주화지, 노무현이 민주화해서 나라 다 망쳐놓았잖아요. 욕만 진탕 처먹었지 뭐,

종로에서 만난 택시기사는 창밖으로 연신 침을 뱉으면서 독재를 해야 나라가 산다고 열변을 토했습니다.

더 깊이 뿌리내리고 살 일이다

_중앙아시아에 사는 꼬레아 우리 동포들을 위하여

바람이 나무를 흔드는 것은
더 깊이 뿌리를 내리라는 뜻이다

역사가 민족을 흔드는 것도
역시 더 깊이 뿌리를 내리라는 뜻이다

혹시 그대의 삶이 그대를 흔들지라도
참아 견디며 더 깊이 뿌리내리고 살 일이다

폭풍이 지난 뒤의 하늘에 별들이 더 밝게 빛나고
아픈 상처가 더 단단한 옹이가 되듯

그저 그렇게 서로서로 보듬어 안고
아들 낳고 딸 낳고 살아갈 일이다

삼신할미

_원정 출산을 비판하며

정말이지 아주 잘 달여진 조청같이
찐득한 마음으로 부탁하노니

그대들의 할아버지와
그 할아버지의 할아버지가
마늘 먹고 된장 먹고 만들어온 그 피가
면면히 그대의 혈관을 타고 흐르듯이
그분들의 뼈와 살이 대대로 수천 년을 이어오면서
이 땅에 묻혀 썩어져서
산과 들 어디라 할 것 없이 잘 섞여져 있고
그 땅에 뿌리박고 자라난 것들로
우리의 살과 뼈가 만들어져온 것이 아니더냐

제발 그대들은 그대들의 자식새끼를
이국 땅 어느 낯선 곳에까지 가서 낳아
남의 나라 백성을 만들지 못해 환장하는 짓은 그만하시라

정말이지 그 짓 하나는 제발 삼가해야 할 것이니
우리의 삼신할미가 얼마나 섭섭해 하시겠는가

군인들은 모른다
__베트남 여전사를 찬함

가냘프고 섬세한 여인의 내면에
무엇이 숨어 있는지는
군인들은 아무도 모른다

눈물 많은 어머니의 내면에
무엇이 숨어 있는지는
사랑으로 아이를 키워보지 못한
그런 사람들은 아무도 모른다

바로 눈앞에서
자식의 육신이 찢어지며 처참하게 죽는 것을 목격한 어머니는
세상에서 가장 용감한 전사가 된다는 것을
죽일 줄만 아는 제국(帝國)의 군인들은 아무도 모른다

전사가 된 어머니가
가장 처절한 복수를 하지만

어머니의 복수는
그것 자체가 평화의 상징이 된다는 것을
전쟁을 좋아하는 권력자들은 아무도 모른다

봐라!
젖먹이 어린것을 품에 안고
항미(抗美)의 전사가 되어 총을 든 베트남 어머니
그녀의 눈에는 눈물이 고여 있지를 않느냐

티베트 박물관에서

너는 어느 거친 국토를 헤매다가
다시 여기 낯선 이국땅으로 팔려와
유리관 진열대 안에 박제가 되어 서 있느냐

머리에 투구를 쓰고
한 손에 큰 창을 들고
또 한 손엔 방패를 든 것은
필시 용맹한 장수였으리라

영욕(榮辱)도 세월이 흐르면 녹슨다는 듯
부식된 얼굴에는 정체 모를 미소가 흐른다

너는 지금 네 조국의 안부를 아느냐

분명 너는 너의 조국을 위하여
말을 달리며 수많은 산야에 피를 뿌렸을 것이다
하지만 어찌하겠느냐

조국의 깃대는 꺾어지고
너는 죽어 팔려온 신세가 된 것을

나는 너의 앞을 지나면서
내 조국의 운명도 생각하고
또 내 스스로의 삶도 생각하면서
몇 번이나 돌아보고 또 돌아보았다

천산(天山)

알마티[*]!

알마티!

천산 아래 알마티!

그리움이 먼저 넘어가고

그리움이 먼저 넘어오는

만년설 고갯마루 길

긴 눈썹을 껌벅이며

낙타는 어디 먼 길을 바라본다

천산 북로

거기에는 아직도 두고 온 먼 역사가 있다

알마티!

알마티!

천산 아래 알마티!

이미 천 년 전의 햇빛 아래

아지랑이 피어나고

터번을 쓴 어느 사내는

저기 저쪽에서 꿈을 꾸며 오고 있다

* 소위 실크로드는 천산(天山)을 중심으로 북로와 남로로 나눠져 있다. 알마티는 그중에 천산 북로 아래에 있는 도시다. 지금은 그 높은 천산도 만년설이 덮인 곳까지 케이블카를 타고 올라갈 수가 있다.

어느 혁명가의 묘비명

강물이 흐르고
인간의 마을에
불빛이 꺼지지 않는 한
이미 죽어 흙이 된
한 사내의 꿈속에도
여전히 꽃은 피고 진다

해설

이경철(문학평론가)

그리움으로 빚은 곱고 아름다운 시, 여광주(麗光酒)

너와 나의 그리움이 사무치는 사잇길

얼마나 아득히 뻗어 나간 번뇌가 있기에
저처럼 긴 열두 발 상모를 돌리나

땅에서 사무친 그리움 한 자락
휘돌아 감겨들어 하늘로 뻗어 올라가지만
하늘은 너무 멀어 끝 간 데가 없기에
다시 휘돌아 땅 위로 내리고

꽹과리 징 소리 울리는 마당
상모꾼은 모둠발짓으로 뱅뱅이를 돌며
소고를 치고 열두 발 상모를 돌린다

_「열두 발 상모」 전문

임효림의 세 번째 시집 원고를 보는 내내 '사무친 그리움'에 몸을 떨지 않을 수 없었다. 승려한테도 이런 인간적인, 감상적인 그리움이 있다니 하며 그리움에 대해 다시금 묻고 또 물었다. 주제나 소재 차원이 아니라 시의 모든 것이 그러하며, 그렇기에 뭐라 딱 집어 말할 수 없는 그리움의 실체와 가없는 지경이 들여다보였다.

이번 시집의 시세계를 대표한다고 보이는 위 시에서 그리움은 '열두 발 상모', '모둠발짓'으로 구체화돼 드러나고 있다. 땅에서 하늘로 뻗어 올라갔다 다시 휘돌아 내려오곤 하는 상모와 좀 더 가까이 땅과 하늘을 이으려는 상모꾼의 모둠발짓. 땅과 하늘, 현실과 이상, 나와 너, 그리고 그 무엇과 무엇의 어찌해볼 수 없는 간격, 사이가 그리움을 낳는다. 이으려 이으려 하지만 이을 수 없기에 그리움은 위 시에서는 '번뇌'가 된다.

아니 「열두 발 상모」에서는 불가(佛家)에서의 '번뇌'라는 소극적, 부정적인 고단위 관념이 열두 발 상모 자락 풀리듯 속가(俗家)의 '그리움'으로 사무쳐 풀리고 있다. 그렇게 풀리며 번뇌는, 그리움은 참으로 인간적인 모습을 띠고 삶의 마당으로 살갑게 다가오고 있다.

3연으로 된 이 시의 이미지의 경과를 보라. 1연에서는 번뇌를 상모로 보는 비유적 이미지. 유아독존인가, 시인의 정감, '번뇌'를 대상, '상모'에 단숨에 주입하는 정감이입, 즉 세계를 자기화해버리는 단계이다. 2연은 적당히 떨어져 상모를 보고는 있으나 끊임없이 "사무친 그리움", 아집(我執)이 간섭해 들어간 이미지이다. 3연은 농악 마당을 있는 그대로 그린 묘사적 이미지. 시인이 세계, 즉 '마당' 속으로 뛰어들어 무화(無化)된, '나'와 '너'가 하나가 된 단계로 볼 수 있다.

이 세 단계를 거치며 '번뇌'와 '그리움'은 산중의 구도에 있는 것만도, 세속의 시 속에 있는 것만도 아닌 우리 삶의 현장의 구체적 실상임을 보여준다. 승속(僧俗)의 번뇌와 그리움이 '모둠발짓'으로 한마당에서 꽹과리, 징, 열두 발 상모의 소리와 그림으로 함께 어우러진다. 그러면서 세속의 마당에서 평생을 "모둠발짓으로 뱅뱅이를" 도는 우리네 삶도 저 하늘에 닿으려는 번뇌요 사무친 그리움의 몸짓이라는 것을 자연스레, 구체적으로, 아름답게 드러내고 있다.

시인이여!
우리는 바람같이
틈새 사이로만 가자

눈썹이 고운 여인들과
입술이 두툼한 사내들의
그 사랑의 축축한 틈새로 지나가자

마음 하나는 한없이 착한 사람과

시기와 질투만을 잘하는 사람의
어정쩡한 사이로 가자

아무 생채기도 안 내고
꽃밭의 꽃들 사이로 지나가는 바람같이
향기만 안고 가자

무엇보다 우리는 시인이므로
이 사람 저 사람의 날카로운 말과 말의 사이
그 미묘한 사잇길로
아무 상처도 입지 말고 지나가자

_「사잇길」 전문

시 「내 시의 자화상」의 부제는 "본래 나는 내 시가 세상을 뒤엎는 혁명의 언어가 되기를 바랐다"이다. 임효림의 시는 제2시집 『꽃향기에 취하여』(바보새, 2006) 해설에서 공광규 시인도 밝혔듯 "사회정치적 변혁의 상상력을 항상 시에 발휘"한 면이 컸다. "짓밟히고 뭉개지고/배곯아 죽는 것을 그냥 보고만 있을 수는 없지 않은가//역심이라도 품어봐야지/누구 등에 칼이라도 꽂아야지"(「저항」)처럼 잘못된 권력을 표적으로 삼은 역심, 저항의 시가 두드러진 흐름을 이뤄왔다.

"시인이여!"라며 선동하고 있는 위 시에서는 그런 표적이

분명한 시가 아니라 "어정쩡한 사이"의 시로 나아가자고 한다. 역심의, 혁명의 언어가 아니라 "날카로운 말과 말의 사이/그 미묘한 사잇길"의 언어, 시로 나아가자고 한다. 상반된, 가령 선과 악의 이것과 저것의 틈새, 사이의 길로 나아가자고 한다. 그 사잇길이 아무에게도 생채기 남기지 않는 미묘한 사랑의 길이므로.

지난 반세기 참여 · 민중의 시대를 거쳐오는 우리 시에서 나를 늘 안타깝고 불안하게 했던 대목이 이 시에 이르러 '사잇길'이라는 구체적 이미지로 확 풀리는 듯하다. 순정한 세계를 향하면서도 진정 순정한 인간, 낭만이 빠진 시들은 얼마나 건조했던가. 동지와 적을 구분해 정확히 적의 정수리를 향해 날아가는 화살 같은 언어들은 얼마나 섬뜩했던가. 그리움, 정(情)은 내팽개치고 당위에 주박당해 막무가내의 의지만 시퍼렇게 날 세운 그 언어들은 얼마나 위선적이고 또 가식적이기까지 했던가.

임효림이 이번 시집에서 들어선 이 사잇길에는 역심, 역설(逆說)이 없다. 피아의 구분이 없기에 그만큼 껴안는 폭이 넓어졌다. "시샘도 없는/사랑이 어디 있소//꽃샘추위 피는 꽃이/더욱 붉소"(「꽃샘추위」)라며 시샘과 사랑, 추위와 따스함을 한통속으로 보고 있다. 역설이 아니라 맞물려 돌아가는 순리의 자연스러움으로.

자연스러움, 시시주선(詩時酒禪)의 묘오(妙悟)한 구체상

햇볕에 그을린 저 바윗돌도
껍질을 벗기면 순결한 속살이 있다

그 속살에는 천둥소리도 들린다
천둥소리에는 도랑물도 흐른다

—「속」 전문

언제인가 감동은 너무 커 먹먹한데 도저히 말로썬 표현할 수 없는 시를 만났을 때 불현듯 '시시주선'이란 말이 찾아들었다. 네 글자 한 자 한 자가 똑같이 묘오한 깊이를 지닌 동족(同族)으로. 시집 원고를 다 읽고 권두에 오른 이 시를 다시 읽으며 선과 시, 역설(逆說)과 연기(緣起)의 시법(詩法)에 대해 생각해본다. 언어도단(言語道斷), 말로써 드러낼 수 없는 묘오한 선(禪)적 지경과 그것을 기어코 언어로 표현해내야만 하는 시.

그 주요한 방법으로서의 수수백년 씌어온 역설과 연기의 어법. 그러다 보니 다시 일상의 말같이 관념으로 굳어 죽어버린 그 시법. '시는 곧 선이니……' 운운하지만 그게 어디 말같이 그리 간단하고 쉬운 문제인가. 선과 시를 이으며 송나라 엄우(嚴羽)가 『창랑시화(滄浪詩話)』에서 말한 "이치에 간섭받지 않고 또 말에도 걸려들지 않는" 시의 묘오지경에 이르는 것이 어디 쉬운 일인가.

“아아 님은 갔지만 나는 님을 보내지 아니하였습니다”라는 만해 한용운의 「님의 침묵」의 역설법을 본뜬다면 이제 그 기법의 이치에 걸려들기 십상일 것. “내가/돌이 되면//돌은/연꽃이 되고//연꽃은/호수가 되고” 식으로 수없이 전화(轉化)하는 미당 서정주의 「내가 돌이 되면」의 연기법은 이제 그 이치의 수사에 걸려들기 십상일 터이다.

앞 두 시집에서 임효림도 묘오지경의 “순결한 속살”을 보여주려다 이치 혹은 말의 덫에 걸린 시들을 볼 수 있다. “아무 준비도 없이/아이는 산으로 가/산이 되었다//그리고 산은/부처님이 되고//그리고 다시/부처님은 아이가 되었다”는 첫 시집에 실린 「산으로 간 아이」(『흔들리는 나무』, 책만드는집, 2003)의 연기. “이제/스스로 내가 나를 지우고/홀연히 눈뜨고 보니/이승도/저승도/또 그렇게 가야 할 길조차도/사라지고 없네”라는 두 번째 시집에 실린 「어느 날」의 역설. 두 시 모두 이치와 말의 덫에 걸려 나아가고픈 발길만 재촉할 뿐 그 진경은 보여주지 못해 안타까웠다.

그러다 위 시 「속」에 이르러 그 “순결한 속살”이 보이고 들리는 듯하다. ‘바윗돌’이라는 목석같이 답답한 무기질에서 ‘껍질’과 ‘속살’을 보는 눈과 그 속에서 ‘천둥소리’와 ‘도랑물’ 흐르는 소리를 읽는 귀. 문자와 문자, 행과 행이 곧 역설이고 연기이면서도 그 시법, 수사(修辭)의 사다리는 보이지 않는다. 단지 ‘껍질’과 ‘속살’, ‘천둥’과 ‘도랑물’을 아우르는 시의 순결한 속살, 그 사잇길의 묘오한 지경이 아른거린다.

서툰 화가처럼
그리다가는 지우고
지우다가 다시 그리는데

기러기 떼 지나가듯
또 한 해가 지나갔다

_「송년(送年)」 전문

이 시를 읽으며 나도 모르게 무릎을 쳤다. 한 해를 보내며 나 또한 뭔가 독자들의 가슴에 직격해 들어가는 수사를 하려 얼마나 무진 애를 썼던가. 그러나 이 시를 읽으며 그렇게 들인 애들이 허사임을 저절로 깨쳤다. 잘 드러내보고 싶은 욕심과 아집을 내려놓을 수밖에 없었다.

그러면서 '단순하게 본다'는 '선(禪)'이라는 한자 파자(破字)의 뜻이 환하게 들어왔다. 단순하고 이리 일상적이고 구체적으로 보이는 길 자체를 담담하게 드러내는 것이 묘오지경에 이르는 자연스런 길인 것을. 그것이 이치와 수사의 덫에 걸리지 않고 뜻과 말이 함께하는 그 지경을 보여주는 길인 것을.

재주 많은 어떤 문사가 이리 구체적으로 한 해를 보내는 심회를 드러낼 수 있을까. 뜻 높은 어떤 고승이 한생을 저생으로 넘기며 이런 삶과 그 너머의 세계를 자연스레 보일 수 있을 것인가. 뜻과 수사에 주박당하지 않은 우리네 구체적 삶의 실상이 곧 선의 묘오지경임을 위 시는 보여주고 있지 않은가. 해서 신경림 시인은 임효림 시의 미덕을 "관념에 머물지 않는 실천적 구체성"에서 찾았을 것이다. 그리고 "더 큰 미덕은 아름다움"이라며 신 시인은 임효림 시의 시 자체의 아름다움을 높이 평가했다.

그리움의 빛깔과 향기, 우주적 파문(波紋)

이 밤
차갑게 뜬 달이 저렇게까지 아름다운 것은
아마도 그대가 나를 못 잊어 그리워하는 까닭일 것입니다

사람들의 발길이 끊어진 지금
산골 물소리가 저렇게까지 내 마음을 흔드는 것도
여전히 그대가 나를 사무치게 그리워하는 까닭일 것입니다

계절이 깊어가는 이 밤에
내가 이토록 잠을 이루지 못하는 것도
순전히 그대가 나를 너무나 그리워하는 그 까닭일 것입니다
_「나를 그리워하는 까닭에」 전문

소월 시처럼 그리움의 연시(戀詩) 같으면서도 위 시는 사뭇 다르다. 「소월 시를 차운하다」에서 보인 "사랑도 애절한 사랑일 때는/산골 물도 애달픈 내 맘같이 흘러갑니다" 같은 '애절한 사랑'이 아니다. "그립다/말을 할까/하니 그리워//그냥 갈까/그래도/다시 더 한 번"(「가는 길」)이라는 소월의 소극적 그리움이 아니다. 소월 시의 나긋한 감성과 만해 시의 냉철한 의지가 겹치면서 펼쳐내는 「나를 그리워하는 까닭에」는 그리움과 구도(求道)가 함께 나아가고 있는 시로 읽힌다.

「설악에 눈이 내리고」에서는 "산문을 닫고 숨어 사는 사람이라고/어찌 그리움까지 닫혀 있겠는가//멀리 설해목(雪害木) 부러지는 소리/밤이 깊어갈수록/떠나간 기억의 저편/첫사랑 같은 천고의 비경이 더욱 적막하다"고 했다. 눈앞에 펼쳐진 적막한 천고의 비경이 곧 첫사랑이란다. 그것도 "떠나간 기억의 저편"의 첫사랑이 "감당할 수 없는 그리움"을 더욱 깊어지게 한다.

이런 "감당할 수 없는 그리움"이 임효림의 시를 데뷔작부터 이끌며, 그 그리움을 사무치게 파고들며 더욱 깊고 넓게 나아가게 하고 있다. "바보같이 그저 바보만 같이/반 발자국 반 발자국 뒤에만 서서/하염없이 하염없이 그리워 그리워만 하는구나//꽃같이 꽃만 같이 아름답게 아름답게/뒤에서 뒤에서 따라만 가는구나", 실상과 그림자, 너와 나의 한 짝같이 동어를 반복하는 시 형태로 그림자를 묘사하면서 그리움의 하염없음을 드러낸 데뷔작 「그림자」 전문이다. 뒤에서 바보같이, 그러나 아름답게 따라만 가는 게 그리움인가.

첫 시집에 실린 「선인장」에선 "나도 누군가를 그리워할 때가 있다"면서도 "사방을 돌아보아도 오직 나 하나/누구와 더불어 이야기를 나누랴"라며 한탄했었다. 반 발짝 뒤에서 따라가야 하고, 사방을 둘러보아도 오직 나 하나인 너와 나의 단절된, 그리하여 감당할 수 없는 그리움.

"홀로 가는 산길에서/우연히 본 도라지꽃//여름날 소낙비에/놀라 핀 듯 청초하다//정을 끊고 두고 온 분도/저 꽃같이 고왔었다." 두 번째 시집에 실린 「도라지꽃」 전문에서처럼 시도 때도 없이 우연히 찾아드는 속세의 정을 끊어야 하는 게 구도의 길. 해서 그리움은 단절돼야 하기에 나온 한탄인가.

그러나 위 시 「나를 그리워하는 까닭에」에서는 그 첫사랑의 그리움이 소낙비 맞은 정수리같이 깨달음이 되어 다시 피어나고 있다. 내가 그대를 그리워하기에 달도 아름답고 물소리도 사무쳐오는 것이 아니라 그대가 나를 그리워하는 까닭에 세상은 아름다운 것이 된다고. 그대 있음에가 아니라 나 있음에 세상은 유의미한 것이 된다고.

이성에 눈뜨기 시작하며 한 사람, '그대'가 마음속에 들어앉았다. 몇 년 몇 해를 그대 향한 마음에 가슴앓이만 했다. 그대 있음에 세상은 이리 아름답다는 말도 못 하고 한마디 말도 못 건네고 그리움만 사무쳤다. 그러다 큰맘 먹고 그런 마음 전하자 그대는 내 존재조차 몰랐다 한다. 그때 온 세상 통통 털어 나 혼자뿐이라는 지독한 고독, 상실감. 돌려 생각하니 나는 나를 향한 또 다른 그대들에게 그런 상실감을 주지는 않았는지.

3연으로 이뤄진 위 시에서 변형되어 반복되는 각 연의 마지막 행을 들여다보라. '아마도', '여전히', '순전히'라며 추측 부사에서 더 확실한, 순정한 부사로 나아가며 그대 있음에가 아니라 나 있음에가 강조되고 있지 않은가. 유아독존인가. 그럴 것이다. 이기주의적인 내가 아니라 고해(苦海)에 빠진 세상의 그대들 다 구제하겠다는 부처로서의 유아독존. 내 맘 몰라주는 그대에게 하소연하는 소아병적 그리움이 아니라 그대 아픈 맘 먼저 알아주는 대승적인 그리움.

"삶이 허무하고/존재의 부피가 먼지알 같을지라도/내가 항해를 멈추지 않는 한/우주는 내 안의 세계를 벗어나지 못한다". 「항해(航海)」의 마지막 연같이 이 유아독존의 그리움은 우주적이다. 우주 삼라만상을 염려하는 이런 큰 그리움이 있기에 우리는 우리라는 하찮은 존재, 허무한 삶을 구제할 수 있는 것이다.

그 광활한 우주로의 항해는 같은 시에서 "이제 막 나처럼 항해를 시작한 이가 있기 때문"에 떠난 것이다. 그리움으로 '그이'를 만나러. 나처럼 그리움으로 항해를 시작한 그이는 누구이겠는가. 너와 나, 장삼이사의 우리들부터 별과 달까지 아우르는 삼라만상의 우주 아니겠는가.

달빛이 고운 날은
달빛을 담고
별빛이 고운 날은
별빛을 담고
외롭게 저 혼자 청초하게 핀 꽃을 보면
그 꽃빛을 담아
세상에서 곱고 아름다운 것들을 보면 보는 대로
그 고운 빛의 기운을 담아
여광주를 빚어
(중략)
비로소 잘 익은 그 술을 내어놓겠습니다"

_「여광주(麗光酒)」 부분

이 시에 이르러 나는 임효림의 이번 시집이 그리움으로 빚은 곱고 아름다운 시, 여광주임을 확신할 수 있었다. 달빛 별빛 꽃빛 등 삼라만상 빛의 기운, 그리움을 빚어 내어놓은 너와 나 본디의 고운 빛깔과 향기의 여광주. "바람 많은 세상에/번뇌는 잠시 버리시"고 "흠뻑 취하시"라고 독자 앞에 고이 올리는 술, 여광주가 이번 시집이다.

행이나 연 나눔, 길이 등 외형상으로 임효림은 이번 시집에서 시의 원형적 형태를 보여주려 애쓰고 있는 듯하다. 할

말 많은 세상과 나, 다 말해버리고 싶어 장형화되고 산문화 되어가는 요즘 여느 시와는 달리 시 본래의 맞춤한 형태를 취하고 있어 우선 보기에도 좋고 편안하게 시가 시적으로 읽히게 한다. 특히 반복법을 즐겨 사용하며 자연스레 운율을 일으키면서 동시에 그 반복된 틈새, 사이에서 사무친 의미, 그리움을 낳고 있다.

일가를 이룬 선배 시들에서 뜻과 수사를 '차운(次韻)'해 통변(通變)하며 부러 아름답게 꾸민 듯하면서도 임효림 시만의 뜻과 아름다움이 있다. 달은 안 보이고 가리키는 손가락만 보이는 것이 아니라 이번 세 번째 시집에서는 달도 보이는 지경, 마침내는 손가락과 달이 한꺼번에 보이는 묘하게 자연스런 지경에까지 이르고 있다. 시는 시대로 선은 선대로 살아나는 시선일체의 지경에 이르는 사잇길을 트고 있다.

너와 나, 승과 속, 언어와 사물, 관념과 실재의 사이를 잇는 것이 구체성. 용맹정진의 치열함 없이는 그 사이를 잇는 뜻과 수사의 구체적 이미지를 뚜렷이 떠올릴 수 없을 것은 당연지사. 그래 뜻에 주박당하거나 수사에 주박당해 얼렁뚱땅 넘어가는 얼치기 선시풍 시들은 또 얼마나 많은가. 임효림의 이번 시집은 그 지난한 선과 시의 사이를 그리움의 빛깔과 향기로 잇고 있다. 시와 선 공히 용맹정진이 배어나는 그 구체성과 자연스러움으로 승속을 잇고 있다.

높기는 그중에 푸른 하늘이 가장 높은데

그대의 노랫소리 가운데서도
높고 고운 소리는 하늘까지 가닿고

깊기는 그중에 사람 뱃속이 가장 깊은데
그대의 노랫소리 가운데서도
깊고 간절한 소리는 창자까지 울리고

이승에서 저승으로 오고 가면서
슬픈 이를 슬프게 더욱 슬프게
그리움이 사무쳐 더욱 그립게
그대의 노랫소리 두루 울려라

_「가객(歌客)」 전문

첫 행부터 대뜸 "노래가 낫기는 그 중 나아도/구름까지 갔다간 되돌아오고"라는 미당의 「꽃밭의 독백」이 떠오르게 하는 시이다. 같은 제목으로 하여 어쩔 수 없이 "내 앵금 이승 떠나는 울음소리/내 젓대 동무해 가는 가는 벌레소리"(「가객」)라는 신경림 시인의 시도 떠올리게 한다. 아직 미완의 시인으로 생채로 구름 밖 높은 경지, 꽃들의 비밀스런 속내를 들여다보려 한 「꽃밭의 독백」은 그러나 "닫힌 문에 기대"어 "문 열어라 꽃아"를 연발하며 솔직하게 묘오의 문을 두드렸다. 평생 민중과 애환을 같이한 가객 신 시인도 웬지 이 시에서는 한 생을 넘기는 듯 쓸쓸하고 비장하기만 했었다.

그런 선배 시들을 차운한 듯하면서도 위 시를 보라. 이승 저승, 높은 하늘과 사람의 깊은 뱃속이 닫힌 문이 아니라 오고 가는 열린 문 아닌가. 가장 높은 곳에서 가장 깊은 곳까지 '두루' 울리는 시, 그리움이 사무쳐 더욱 그립게 울리는 시로 나아가고픈 원(願)이 구체적이고 고운 형상 얻으시길 빈다. 그리움으로 삼세삼계 두루두루 울리는 시선(詩禪)의 일가 이루시길 축원한다.

시인의 말

내가 쓴 내 시(詩)가
나를 보고 웃고 있다

네가 나를 그렸느냐
내 얼굴이 네 얼굴이냐
그렇게 묻는 듯이

나도 모를 묘한 표정으로
나를 보고 웃고 있다

실천문학의 시집

그늘도 꽃그늘

2010년 7월 15일 1판 1쇄 찍음
2010년 7월 20일 1판 1쇄 펴냄

지은이 임효림
펴낸이 김영현
주간 손택수
편집 김혜선, 이상현, 진원지
디자인 이선화
관리 · 영업 김태일, 이용희

펴낸곳 (주)실천문학
등록 10-1221호(1995.10.26.)
주소 우121-820, 서울시 마포구 망원1동 377-1, 601호
전화 322-2161~5
팩스 322-2166
홈페이지 www.silcheon.com

ISBN 978-89-392-0638-0 03810